RAINBOWKU

RAINBOWKU

FUN AND COLORFUL
SUDOKU FOR KIDS

R

ROCKRIDGE
PRESS

Written and designed by Creative Giant Inc., Rachel Bozek, Mike Thomas, and Chris Dickey
Editor: Lia Brown

ISBN: Print 978-1-64152-935-8

Kids—and adults—today are pretty obsessed with technology. From smartphones to watches and tablets to laptops, the constant presence of digital devices has changed the way they look at their time and the way they process what's in front of them. With digital technology in their presence potentially around the clock, it's important for kids to take a break and spend time doing some problem solving that doesn't require a backlight.

Sudoku is a super accessible way for kids to unplug and switch gears, putting them into "play" mode, and allowing for a screen-free break from the stresses of school, sports, and the general day-to-day grind. Each puzzle in **Rainbowku** is a true one-off activity, making it easy for players to pick up the book, complete a puzzle within the level that works best for them, and then move on if they'd like. Or they can do more! With 75 puzzles—plus a few bonus pages—kids can easily incorporate **Rainbowku** into their daily routine.

As they complete the puzzles in this book, players will develop an approach to deductive logic, and without a doubt, will sharpen their strategic thinking skills. And a bonus benefit: the colorful presentation of each puzzle in **Rainbowku** paired with the progression of difficulty from one section to the next can lead to players feeling reduced anxiety or finding their mood improved.

For children who have experience with sudoku, the puzzles in the Easy section can serve as a quick break from the more difficult puzzles whenever they need a break or change of pace. For kids new to the genre, we recommend going through the book in order.

We hope you enjoy experiencing these puzzles with your child.

Happy solving, and happy coloring!

HOW TO PLAY RAINBOWKU

TOOLS YOU WILL NEED

- A pencil
- An eraser
- Crayons or colored pencils

If this is your first time playing sudoku, you've come to the right place to learn how to do it! The first thing we want you to know about sudoku is what it is not about: Sudoku is not about math. If you were thinking you'd be adding, subtracting, multiplying, or dividing to get to the bottom of each puzzle in this book, think again!

Here's what sudoku *is* about: thinking. It's about observing. It's about keeping track of what you see in order to figure out the rest. And in this book, it's about finding a unique solution to every puzzle that's colorful and amazing to look at!

WANT INSTRUCTIONS THAT ARE SHORT AND SWEET? HERE THEY ARE!

Sudoku is all about completing a large grid that is made up of smaller grids. For example, a correctly completed 4x4 sudoku puzzle has one of every number from 1 to 4 in each **ROW** *and* in each **COLUMN**. It also has one of every number in each **MINI GRID**. If you have more than one of a particular number in any of these categories, you have not solved the puzzle.

In *Rainbowku*, the starting level is 4x4. This means you'll start with a grid that has 4 squares across, and 4 squares down. The grid is also split into 4 mini grids of 4 squares each. All of the 4x4 puzzles are in the section called **EASY**.

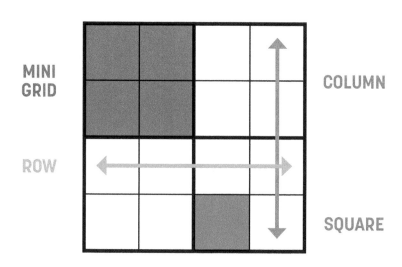

To start, think about the numbers you're working with. For a 4x4 grid, you're working with the numbers 1 through 4. As the grid gets bigger, so does your range of numbers.

MEDIUM puzzles are 6x6, so you'll be working with the numbers 1 through 6 for each row, column, and mini grid.

Finally, when you reach **HARD**, all of the puzzles will be 9x9, and you'll see that you're filling in the numbers 1 through 9 in each row and column, and that each mini grid has 9 squares as well.

Here's an example of a 4x4 puzzle:

1	2	3	4
4	3	1	2
	4	2	
2	1		

RAINBOWKU REMINDER!
The range of numbers in your solution is always the same as the number of squares across or down in the grid, as well as the range of numbers in each mini grid.

Your first step in solving a puzzle is to find any rows, columns, or mini grids that have only one number missing. Figure out what number is missing and fill it in. This will help you solve the rest!

WHAT DO I DO WHEN *MANY* SQUARES ARE EMPTY?

Most of the time, more than one square in a row, column, or mini grid will be empty. This is where sudoku gets tricky and challenging, but also fun! The best approach is to use a pencil to write all possible numbers in each empty square. You'll need the numbers you write to be small enough to fit all of your options. (In a 9x9 puzzle you will have many more possibilities for most empty squares!)

Once you see a number in a given row, column, or mini grid, it will not appear again in that row, column, or mini grid. You can use this information to eliminate certain numbers and fill in others!

In column A, the only possibility for the empty square in is 3.

In the bottom row, the only possibilities for the last two squares are 3 and 4. However, since 3 appears in column C and 4 appears in column D, you can use the process of elimination to determine which number belongs in each of the blank squares in the bottom row!

Variations on this approach can get you through an entire puzzle!

And this will bring you to your solution:

BUT WAIT, THERE'S MORE!

Now it's time to add the color!
In each section, you'll see that every number has a corresponding color. Use your colored pencils or crayons to turn your completed sudoku grid into a beautiful work of art!

As you make your way through the pages of this book, you'll find that some puzzles will have just colors and no numbers! You can use the strategies we've provided above to eliminate any colors that do not belong in a given square.

NOW IT'S TIME TO GIVE SOME PUZZLES A TRY!

GIVE THE NEXT THREE PUZZLES A TRY FOR PRACTICE!

ANSWER:

1

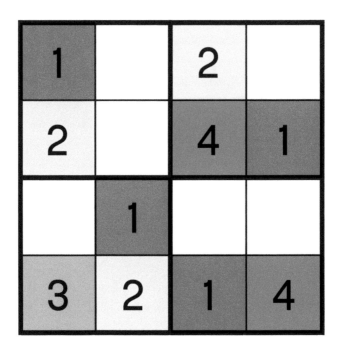

ANSWER:

3	2	1	4
4	1	3	2
2	3	4	1
1	4	2	3

	3		
	4	2	
4	2		1
3	1		

ANSWER:

2	3	1	4
1	4	2	3
4	2	3	1
3	1	4	2

CONGRATULATIONS! YOU ARE NOW READY TO DIVE INTO THE COLORFUL WORLD OF *Rainbowku*!

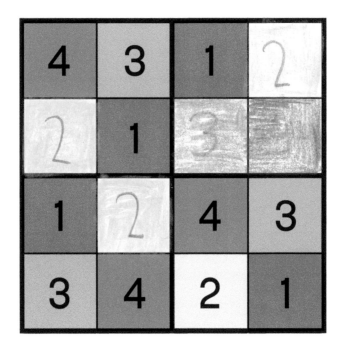

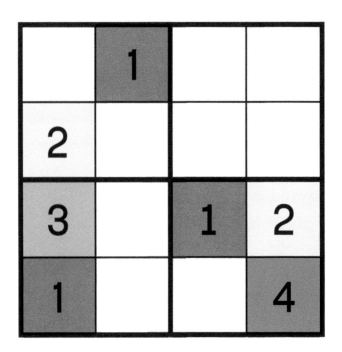

Answers on page 72

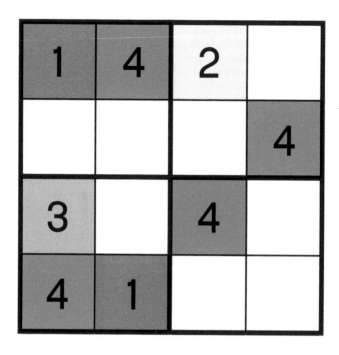

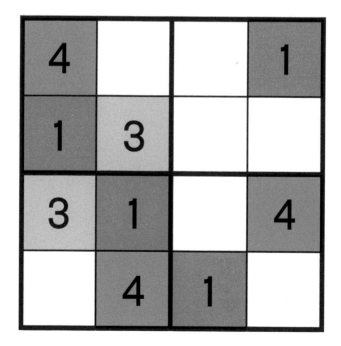

	2	1	
	1		3
	4		1
		4	

1	3	4	
	2	3	1
		1	
3	1		4

Answers on page 72

2		3	4
1	4		3
		4	1

3	1	2	4
		3	
2		1	
1	3	4	

Puzzle 1

			3
2			
3	2	1	
	4	3	

Puzzle 2

4		3	
2	3		4
3		4	1
1			

Answers on page 73

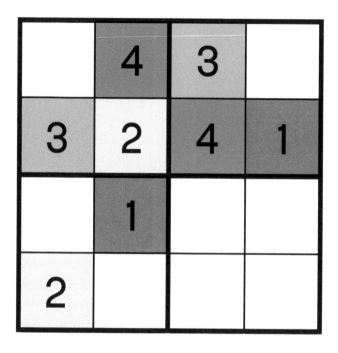

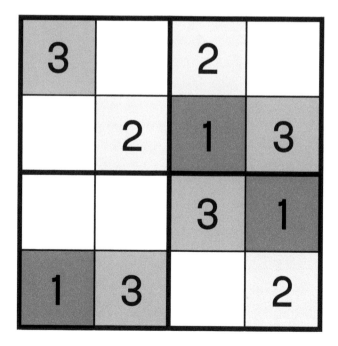

		2	1
2		3	4
1			
	3		

	4	3	2
3		4	
	1		
2	3	1	4

Answers on page 73

1		4	
	4		3
3		2	
	2	3	1

3	2		4
	4		
4	3	2	
	1		3

Answers on page 73

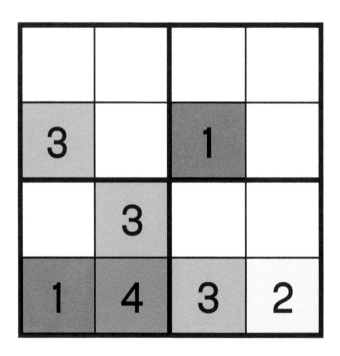

Answers on page 74

4		1	
3			4
2		3	
		4	

2	1		
3		1	2
1			3
4	3	2	

Answers on page 74

Answers on page 74

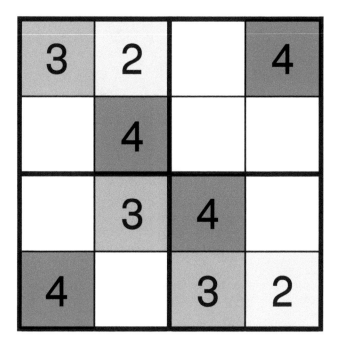

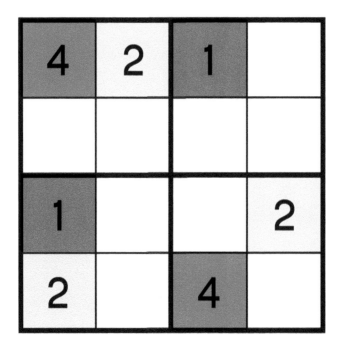

NICE WORK!

You have finished the easy section of the puzzles.
Are you ready to take things up a notch?

Answer on page 75

COLOR GUIDE

1	2	3	4	5	6

			5		
		3			1
3	2		1		
	6	5		4	2
	5	2	4		
					6

3	5		4		
		1			2
	2	6		3	
5		4		2	
2	4		6		3
	1				

Answer on page 75

COLOR GUIDE

1	2	3	4	5	6

6	1	3	2		4
	5			3	
	4	5	1	2	
			3	4	
	6	2	5	1	
5		1		6	

1	2	3	4	5	6

		1		3	5
	5	3	2	1	4
		2			6
	6	5	4		3
5	2		3		
				6	

20

Answer on page 75

COLOR GUIDE

1	2	3	4	5	6

2			6	5	1
6		5	2	4	
1			3		4
		6	1		
	2	1	5	3	6
				1	

COLOR GUIDE

| 1 | 2 | 3 | 4 | 5 | 6 |

				1	
5	6	1			
	4	2		5	3
	3	5	1		2
	1	3	2	6	
2	5			3	

Answer on page 76

COLOR GUIDE

1	2	3	4	5	6

			6		2
4	6			1	
				6	3
6	3	1	5	2	
	2		4		1
1	5		2		6

COLOR GUIDE

1	2	3	4	5	6

	5			3	1
6		1	4	2	
3	2			5	
	6		3	4	2
	4	6	2	1	
2	1			6	4

24

Answer on page 76

COLOR GUIDE

1	2	3	4	5	6

4			5	3	
5	6	3	4	2	1
		6			5
	4	5	1	6	
	1		6		
6	5		3	1	2

4	5	2		1	3
6					2
3		1		2	4
		4	3	6	1
1	4	5	2		6
	3			4	

Answer on page 76

COLOR GUIDE

1	2	3	4	5	6

5			1	6	
1	2		5	3	
	6	2	4	5	
4		5	3	2	
2				4	5
6	5	4		1	3

COLOR GUIDE

1	2	3	4	5	6

1					5
6	3		1		
	5			1	3
2			4	5	6
5			6	3	2
			5	4	

Answer on page 77

COLOR GUIDE

| 1 | 2 | 3 | 4 | 5 | 6 |

		4	1		
1		5	4		2
	1		3		4
3			6	5	
2	6		5		3
	5		2	1	

COLOR GUIDE

1	2	3	4	5	6

			3		
3		2		4	6
2			6	1	
	4	1		5	
	1	6		3	
4					

Answer on page 77

COLOR GUIDE

1	2	3	4	5	6

3		4	2		
	5	1		4	
5		6		1	
	1		5		2
1	4		6		5
					4

COLOR GUIDE

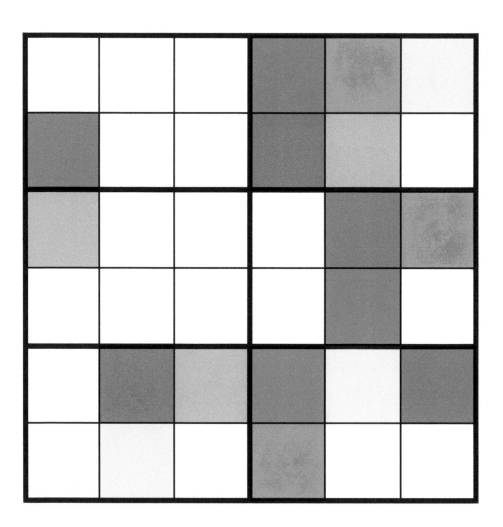

COLOR GUIDE

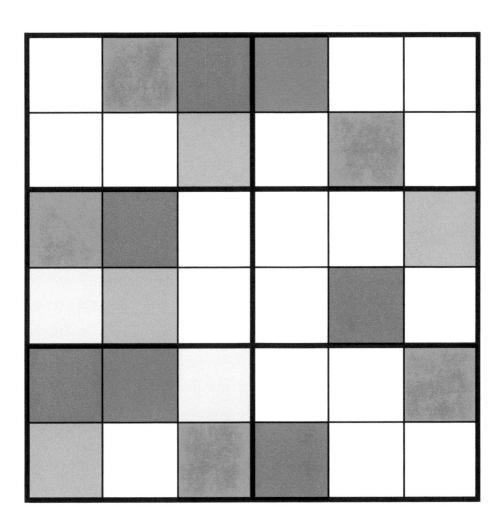

COLOR GUIDE

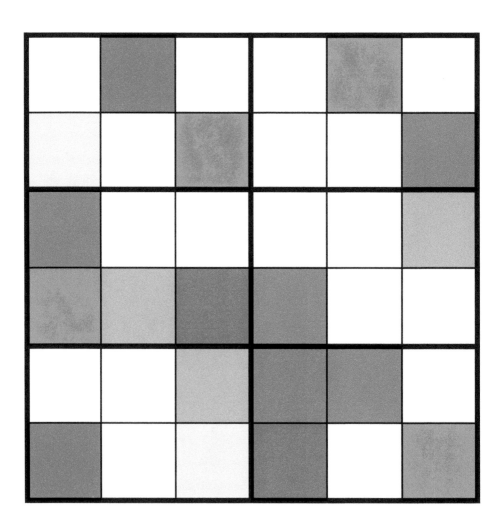

Answer on page 78

COLOR GUIDE

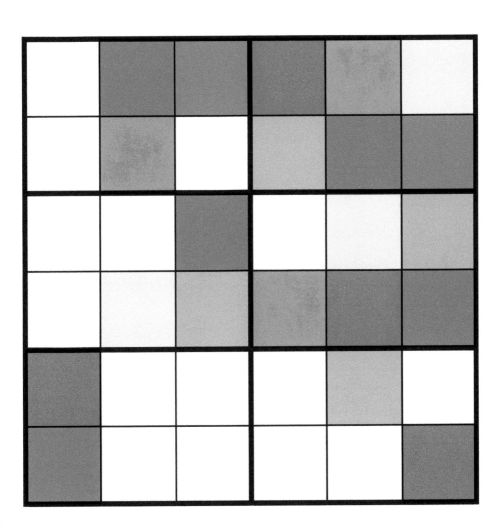

COLOR GUIDE

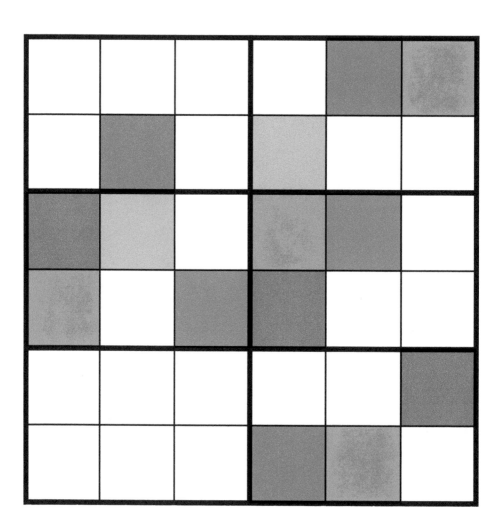

COLOR GUIDE

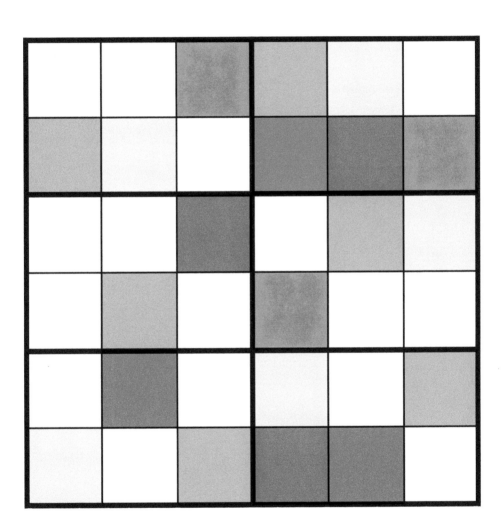

Answer on page 79

COLOR GUIDE

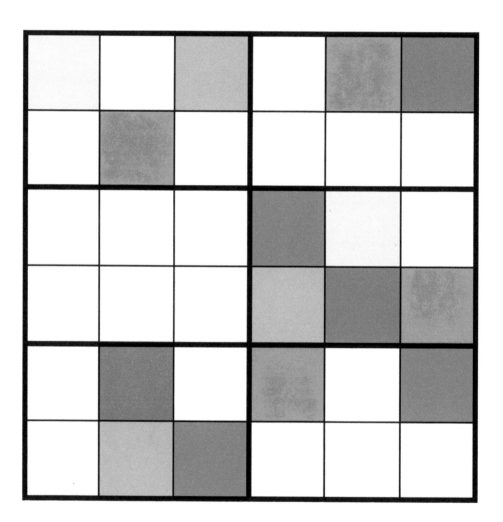

Answer on page 79

COLOR GUIDE

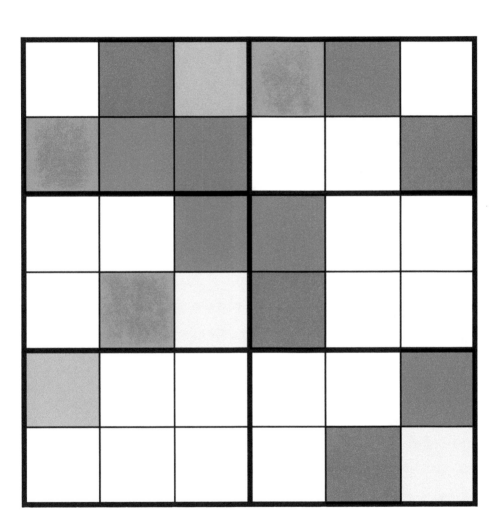

COLOR GUIDE

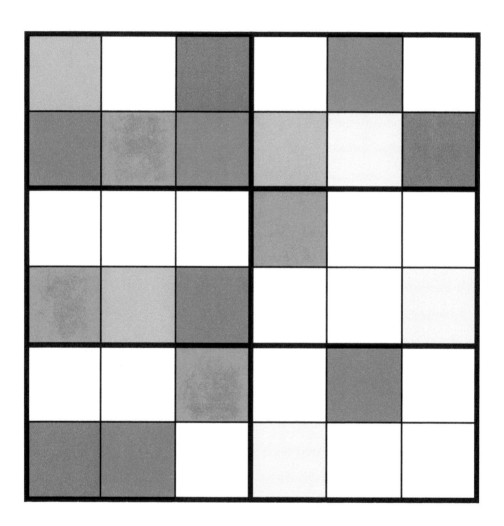

Answer on page 79

COLOR GUIDE

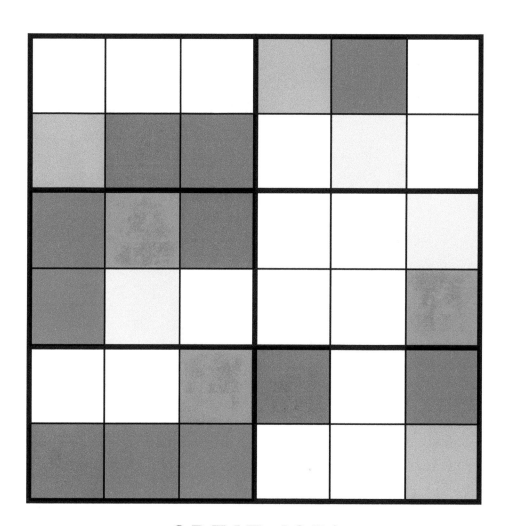

GREAT JOB!
You have finished the medium section of the puzzles.
Are you ready for the final challenge?

COLOR GUIDE

| 1 | 2 | 3 | 4 | 5 | 6 | 7 | 8 | 9 |

	1		6	4		3		
	8	7		1	5		6	
	6	5	9		3		8	1
					7	9	4	6
	9	6				8		
5	2	4	8	6		1	7	3
		3		9	2			
6	7				4	5	9	
9			1	5		7	3	8

Answer on page 80

COLOR GUIDE

1	2	3	4	5	6	7	8	9

	7	5	8	2	1		9	
		6	7	3		5		8
8		9	4				7	
	6				3		4	5
				8		7		9
9			5	4	7		6	2
	9	3	2	6			5	
6		2			5		8	1
	5	8	1					6

COLOR GUIDE

| 1 | 2 | 3 | 4 | 5 | 6 | 7 | 8 | 9 |

9				8		6		4
8	3	4		9	6	2		
	5	1		4	2			
		8		6	3		4	2
	4		2		7		8	
2	6				8	7		3
4	8	3				1	7	5
5	1	2				3		9
				3	5	4	2	8

Answer on page 80

COLOR GUIDE

| 1 | 2 | 3 | 4 | 5 | 6 | 7 | 8 | 9 |

			9		1	6		5
			4			1	3	8
5	8				6		7	
9		7	2				6	3
3	5			9	4	8		2
	1	2	6	3	5	4		
	6		1					9
		5	8			2		
	9	4			3		8	1

2		7			5		4	3
4		5			9		6	
6		8	4		7	2		1
	6		2	5				4
	5	4	6		8			9
3	2	1		9			8	6
	4		9				3	5
	8	3		4	2	6	1	7
5	7	6			1		9	

Answer on page 80

COLOR GUIDE

1 2 3 4 5 6 7 8 9

		4		1		6	3	
9		6					1	5
3	2	1	8	6	5	9	7	
7	1	5	9	2	8			3
	3		6	5		7	8	
		8	4				5	1
	4		2	8				
			5			3	2	
	8	7	1		3		4	

COLOR GUIDE

| 1 | 2 | 3 | 4 | 5 | 6 | 7 | 8 | 9 |

	8			3	6		5	9
	3		8		4		2	1
4	5	1			9			
			9			5	1	
9	7		4	1		6		
	1		3		5			2
	4			7	8	3	9	5
	9						8	
7	2	8					4	6

Answer on page 81

COLOR GUIDE

| 1 | 2 | 3 | 4 | 5 | 6 | 7 | 8 | 9 |

| 1 | 2 | 3 | 4 | 5 | 6 | 7 | 8 | 9 |

	7	4	5	8	9	1	6	3
3						5	7	
	6		3	1	7	2		8
4	1				3	7	2	5
		9	6	7	2	3		
	2	3		5	4		9	
	4	8	2	6			3	
6	9		7		8			
			9		5			2

50

COLOR GUIDE

1 2 3 4 5 6 7 8 9

7	1	5	3	9		8		
	4	6	8	7	5	3	9	1
	8		2		1			7
	7		1	4		5		
			6		7			2
6	2						8	4
4		2	7	5	8	9		3
			9			6		
	3	9					7	

6				9	3	4		
7	4							
	3			8			2	5
			4				6	9
2		7		5		8		
			2					1
3		1	6			5		
	2				1		9	4
		8					7	

COLOR GUIDE

| 1 | 2 | 3 | 4 | 5 | 6 | 7 | 8 | 9 |

	9		2	5	8	6		
			7	3		8	2	5
			4					9
9			8	1				
2	8		9		6	1	7	
4	7	1	5			9	6	
		7			4			6
				7		2		1
	6	9			2		5	7

COLOR GUIDE

1	2	3	4	5	6	7	8	9

4	6		2	1			8	
	8	5			7	1		6
9		1	5	6	8		2	4
	2		4		5		3	
5	1	8		3		4		9
				9	1		6	
	4					9	1	3
1	5			8		2		
7			1	2	4		5	8

Answer on page 82

COLOR GUIDE

| 1 | 2 | 3 | 4 | 5 | 6 | 7 | 8 | 9 |

1	2		7	8	6			5
5	4		9	3		1		
6			4			9	2	7
8			2		3	4	9	
4		2					5	
		3		4			7	2
3	6		8		7			
		1	3	5	4	7	8	
7	8	5		6		2		

1	2	3	4	5	6	7	8	9

	4	1	5	9		7	6	3
8					1	2		4
	3		4					
		5	8		4	6		7
7				5	2		1	
4	1		6			5		2
3		9		4	5	8		
	5	2	7		9		4	1
1		4		6	3			5

Answer on page 82

COLOR GUIDE

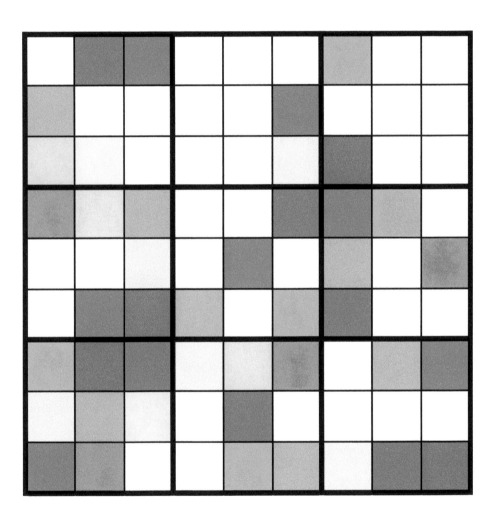

COLOR GUIDE

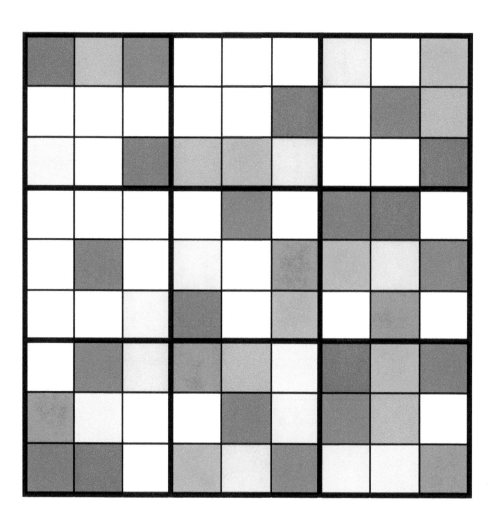

Answer on page 83

COLOR GUIDE

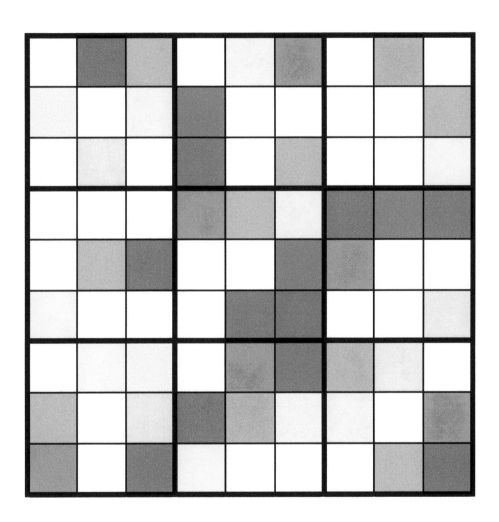

HARD

COLOR GUIDE

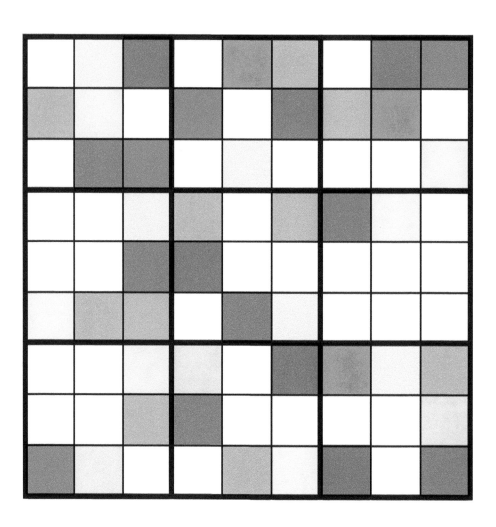

Answer on page 83

COLOR GUIDE

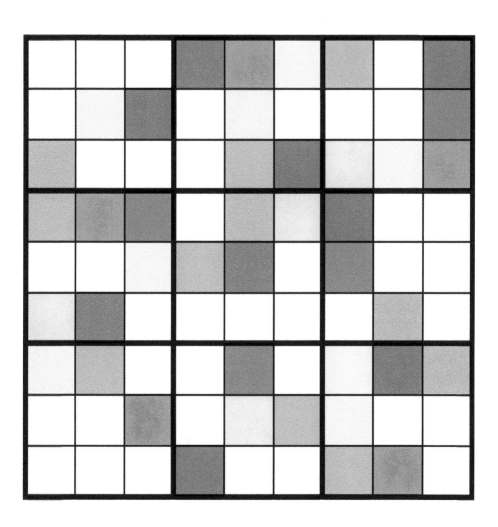

COLOR GUIDE

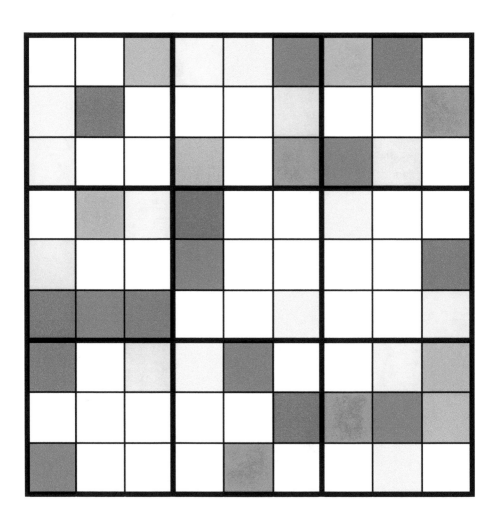

COLOR GUIDE

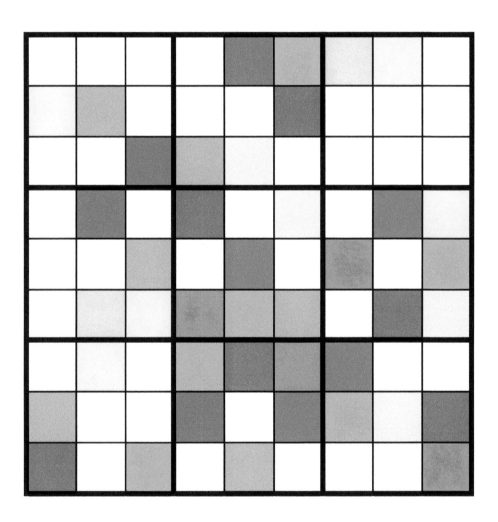

COLOR GUIDE

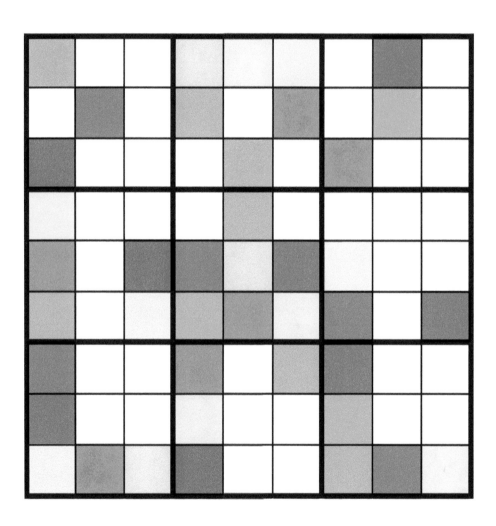

Answer on page 84

COLOR GUIDE

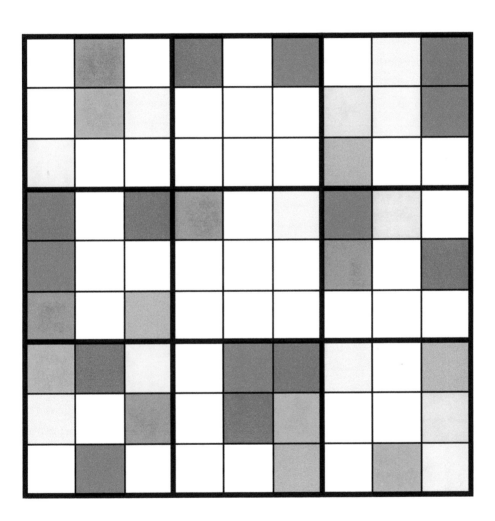

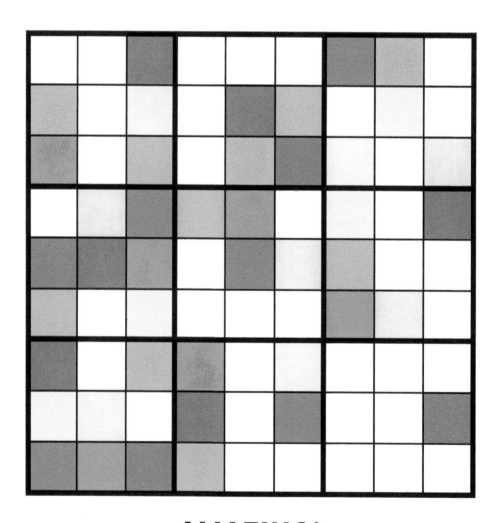

AMAZING!

You have finished the hard section of the puzzles.
Are you ready for the ultimate Bonus Round?

Answer on page 84

COLOR GUIDE

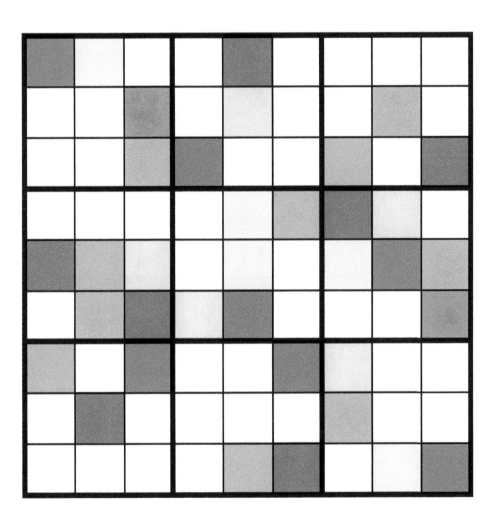

COLOR GUIDE

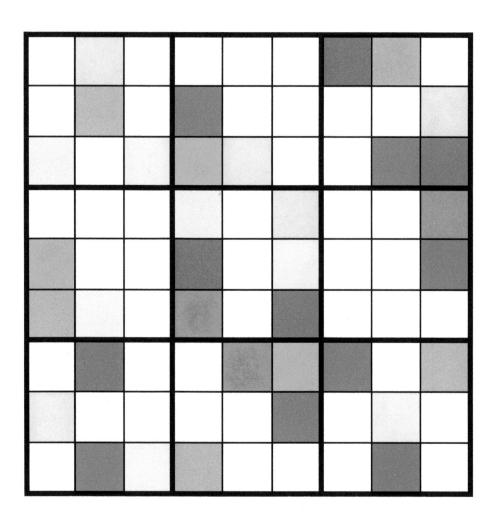

Answer on page 85

COLOR GUIDE

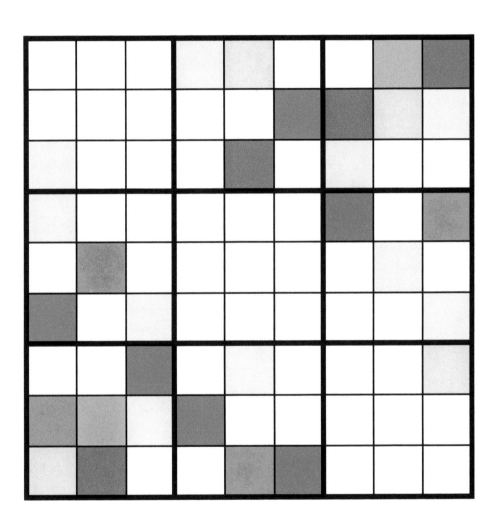

COLOR GUIDE

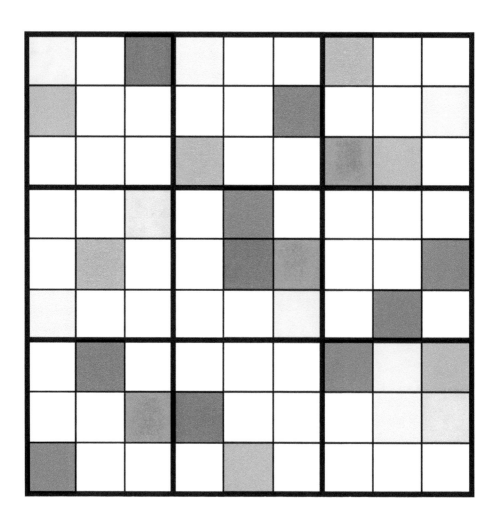

Answer on page 85

COLOR GUIDE

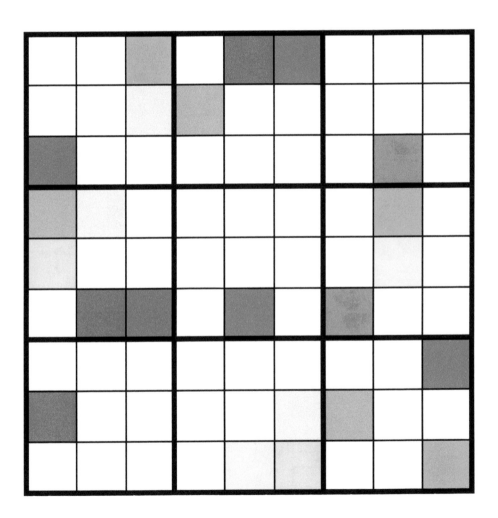

Page 4

4	3	1	2
2	1	3	4
1	2	4	3
3	4	2	1

4	1	2	3
2	3	4	1
3	4	1	2
1	2	3	4

Page 5

1	4	2	3
2	3	1	4
3	2	4	1
4	1	3	2

4	2	3	1
1	3	4	2
3	1	2	4
2	4	1	3

Page 6

3	2	1	4
4	1	2	3
2	4	3	1
1	3	4	2

1	3	4	2
4	2	3	1
2	4	1	3
3	1	2	4

Page 7

4	3	1	2
2	1	3	4
1	4	2	3
3	2	4	1

3	1	2	4
4	2	3	1
2	4	1	3
1	3	4	2

Page 8

4	1	2	3
2	3	4	1
3	2	1	4
1	4	3	2

4	1	3	2
2	3	1	4
3	2	4	1
1	4	2	3

Page 9

1	4	3	2
3	2	4	1
4	1	2	3
2	3	1	4

3	1	2	4
4	2	1	3
2	4	3	1
1	3	4	2

Page 10

3	4	2	1
2	1	3	4
1	2	4	3
4	3	1	2

1	4	3	2
3	2	4	1
4	1	2	3
2	3	1	4

Page 11

1	3	4	2
2	4	1	3
3	1	2	4
4	2	3	1

3	2	1	4
1	4	3	2
4	3	2	1
2	1	4	3

Page 12

2	1	4	3
3	4	2	1
4	3	1	2
1	2	3	4

4	1	2	3
3	2	1	4
2	3	4	1
1	4	3	2

Page 13

4	2	1	3
3	1	2	4
2	4	3	1
1	3	4	2

2	1	3	4
3	4	1	2
1	2	4	3
4	3	2	1

Page 14

4	2	3	1
1	3	4	2
2	4	1	3
3	1	2	4

1	2	4	3
4	3	1	2
2	1	3	4
3	4	2	1

Page 15

3	2	1	4
1	4	2	3
2	3	4	1
4	1	3	2

4	3	2	1
1	2	3	4
2	1	4	3
3	4	1	2

Page 16

4	2	1	3
3	1	2	4
1	4	3	2
2	3	4	1

Page 17

6	1	2	5	3	4
5	4	3	6	2	1
3	2	4	1	6	5
1	6	5	3	4	2
2	5	6	4	1	3
4	3	1	2	5	6

Page 18

3	5	2	4	6	1
4	6	1	3	5	2
1	2	6	5	3	4
5	3	4	1	2	6
2	4	5	6	1	3
6	1	3	2	4	5

Page 19

6	1	3	2	5	4
2	5	4	6	3	1
3	4	5	1	2	6
1	2	6	3	4	5
4	6	2	5	1	3
5	3	1	4	6	2

Page 20

2	4	1	6	3	5
6	5	3	2	1	4
4	3	2	1	5	6
1	6	5	4	2	3
5	2	6	3	4	1
3	1	4	5	6	2

Page 21

2	3	4	6	5	1
6	1	5	2	4	3
1	5	2	3	6	4
3	4	6	1	2	5
4	2	1	5	3	6
5	6	3	4	1	2

Page 22

3	2	4	5	1	6
5	6	1	3	2	4
1	4	2	6	5	3
6	3	5	1	4	2
4	1	3	2	6	5
2	5	6	4	3	1

Page 23

5	1	3	6	4	2
4	6	2	3	1	5
2	4	5	1	6	3
6	3	1	5	2	4
3	2	6	4	5	1
1	5	4	2	3	6

Page 24

4	5	2	6	3	1
6	3	1	4	2	5
3	2	4	1	5	6
1	6	5	3	4	2
5	4	6	2	1	3
2	1	3	5	6	4

Page 25

4	2	1	5	3	6
5	6	3	4	2	1
1	3	6	2	4	5
2	4	5	1	6	3
3	1	2	6	5	4
6	5	4	3	1	2

Page 26

4	5	2	6	1	3
6	1	3	4	5	2
3	6	1	5	2	4
5	2	4	3	6	1
1	4	5	2	3	6
2	3	6	1	4	5

Page 27

5	4	3	1	6	2
1	2	6	5	3	4
3	6	2	4	5	1
4	1	5	3	2	6
2	3	1	6	4	5
6	5	4	2	1	3

Page 28

1	2	4	3	6	5
6	3	5	1	2	4
4	5	6	2	1	3
2	1	3	4	5	6
5	4	1	6	3	2
3	6	2	5	4	1

Page 29

6	2	4	1	3	5
1	3	5	4	6	2
5	1	6	3	2	4
3	4	2	6	5	1
2	6	1	5	4	3
4	5	3	2	1	6

Page 30

1	6	4	3	2	5
3	5	2	1	4	6
2	3	5	6	1	4
6	4	1	2	5	3
5	1	6	4	3	2
4	2	3	5	6	1

Page 31

3	6	4	2	5	1
2	5	1	3	4	6
5	2	6	4	1	3
4	1	3	5	6	2
1	4	2	6	3	5
6	3	5	1	2	4

Page 32

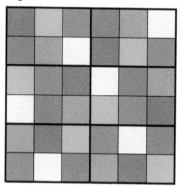

Page 33

Page 34

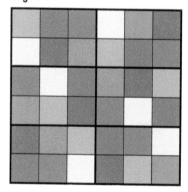

Page 35

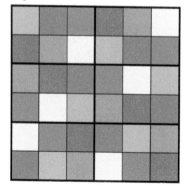

Page 36

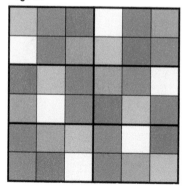

Page 37

Page 38

Page 39

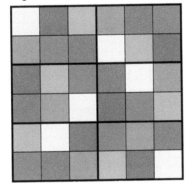

Page 40

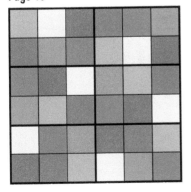

Page 41

Page 42

2	1	9	6	4	8	3	5	7
3	8	7	2	1	5	4	6	9
4	6	5	9	7	3	2	8	1
1	3	8	5	2	7	9	4	6
7	9	6	4	3	1	8	2	5
5	2	4	8	6	9	1	7	3
8	5	3	7	9	2	6	1	4
6	7	1	3	8	4	5	9	2
9	4	2	1	5	6	7	3	8

Page 43

3	7	5	8	2	1	6	9	4
4	1	6	7	3	9	5	2	8
8	2	9	4	5	6	1	7	3
2	6	7	9	1	3	8	4	5
5	3	4	6	8	2	7	1	9
9	8	1	5	4	7	3	6	2
1	9	3	2	6	8	4	5	7
6	4	2	3	7	5	9	8	1
7	5	8	1	9	4	2	3	6

Page 44

9	2	7	5	8	1	6	3	4
8	3	4	7	9	6	2	5	1
6	5	1	3	4	2	8	9	7
1	7	8	9	6	3	5	4	2
3	4	5	2	1	7	9	8	6
2	6	9	4	5	8	7	1	3
4	8	3	6	2	9	1	7	5
5	1	2	8	7	4	3	6	9
7	9	6	1	3	5	4	2	8

Page 45

4	7	3	9	8	1	6	2	5
6	2	9	4	5	7	1	3	8
5	8	1	3	2	6	9	7	4
9	4	7	2	1	8	5	6	3
3	5	6	7	9	4	8	1	2
8	1	2	6	3	5	4	9	7
7	6	8	1	4	2	3	5	9
1	3	5	8	7	9	2	4	6
2	9	4	5	6	3	7	8	1

Page 46

2	1	7	8	6	5	9	4	3
4	3	5	1	2	9	7	6	8
6	9	8	4	3	7	2	5	1
8	6	9	2	5	3	1	7	4
7	5	4	6	1	8	3	2	9
3	2	1	7	9	4	5	8	6
1	4	2	9	7	6	8	3	5
9	8	3	5	4	2	6	1	7
5	7	6	3	8	1	4	9	2

Page 47

8	5	4	7	1	9	6	3	2
9	7	6	3	4	2	8	1	5
3	2	1	8	6	5	9	7	4
7	1	5	9	2	8	4	6	3
4	3	2	6	5	1	7	8	9
6	9	8	4	3	7	2	5	1
5	4	3	2	8	6	1	9	7
1	6	9	5	7	4	3	2	8
2	8	7	1	9	3	5	4	6

Page 48

2	8	7	1	3	6	4	5	9
6	3	9	8	5	4	7	2	1
4	5	1	7	2	9	8	6	3
3	6	2	9	8	7	5	1	4
9	7	5	4	1	2	6	3	8
8	1	4	3	6	5	9	7	2
1	4	6	2	7	8	3	9	5
5	9	3	6	4	1	2	8	7
7	2	8	5	9	3	1	4	6

Page 49

9	8	6	7	5	3	1	4	2
2	1	3	8	4	6	9	5	7
4	7	5	2	9	1	6	8	3
1	9	2	4	6	7	5	3	8
5	6	7	3	1	8	4	2	9
3	4	8	9	2	5	7	6	1
6	3	4	1	7	2	8	9	5
7	2	9	5	8	4	3	1	6
8	5	1	6	3	9	2	7	4

Page 50

2	7	4	5	8	9	1	6	3
3	8	1	4	2	6	5	7	9
9	6	5	3	1	7	2	4	8
4	1	6	8	9	3	7	2	5
8	5	9	6	7	2	3	1	4
7	2	3	1	5	4	8	9	6
5	4	8	2	6	1	9	3	7
6	9	2	7	3	8	4	5	1
1	3	7	9	4	5	6	8	2

Page 51

7	1	5	3	9	4	8	2	6
2	4	6	8	7	5	3	9	1
9	8	3	2	6	1	4	5	7
3	7	8	1	4	2	5	6	9
5	9	4	6	8	7	1	3	2
6	2	1	5	3	9	7	8	4
4	6	2	7	5	8	9	1	3
1	5	7	9	2	3	6	4	8
8	3	9	4	1	6	2	7	5

Page 52

6	8	2	5	9	3	4	1	7
7	4	5	1	6	2	9	3	8
1	3	9	7	8	4	6	2	5
8	5	3	4	1	7	2	6	9
2	1	7	9	5	6	8	4	3
9	6	4	2	3	8	7	5	1
3	7	1	6	4	9	5	8	2
5	2	6	8	7	1	3	9	4
4	9	8	3	2	5	1	7	6

Page 53

7	9	3	2	5	8	6	1	4
6	1	4	7	3	9	8	2	5
8	5	2	4	6	1	7	3	9
9	3	6	8	1	7	5	4	2
2	8	5	9	4	6	1	7	3
4	7	1	5	2	3	9	6	8
5	2	7	1	9	4	3	8	6
3	4	8	6	7	5	2	9	1
1	6	9	3	8	2	4	5	7

Page 54

4	6	7	2	1	9	3	8	5
2	8	5	3	4	7	1	9	6
9	3	1	5	6	8	7	2	4
6	2	9	4	7	5	8	3	1
5	1	8	6	3	2	4	7	9
3	7	4	8	9	1	5	6	2
8	4	2	7	5	6	9	1	3
1	5	6	9	8	3	2	4	7
7	9	3	1	2	4	6	5	8

Page 55

1	2	9	7	8	6	3	4	5
5	4	7	9	3	2	1	6	8
6	3	8	4	1	5	9	2	7
8	5	6	2	7	3	4	9	1
4	7	2	6	9	1	8	5	3
9	1	3	5	4	8	6	7	2
3	6	4	8	2	7	5	1	9
2	9	1	3	5	4	7	8	6
7	8	5	1	6	9	2	3	4

Page 56

2	4	1	5	9	8	7	6	3
8	9	6	3	7	1	2	5	4
5	3	7	4	2	6	1	8	9
9	2	5	8	1	4	6	3	7
7	6	3	9	5	2	4	1	8
4	1	8	6	3	7	5	9	2
3	7	9	1	4	5	8	2	6
6	5	2	7	8	9	3	4	1
1	8	4	2	6	3	9	7	5

Page 57

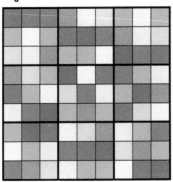

Page 58

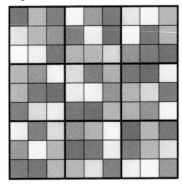

Page 59

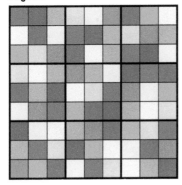

Page 60

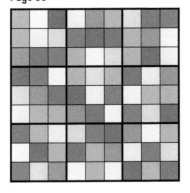

Page 61

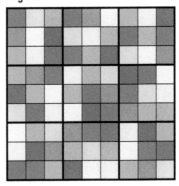

Page 62

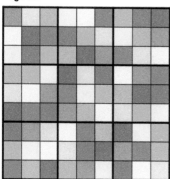

Page 63

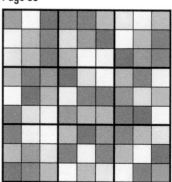

Page 64

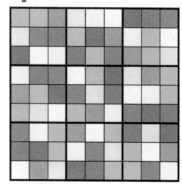

Page 65

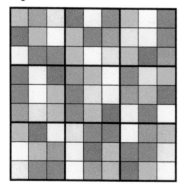

Page 66

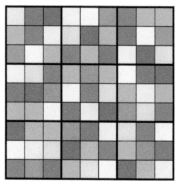

Page 67

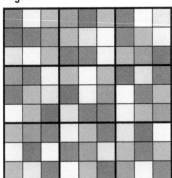

Page 68

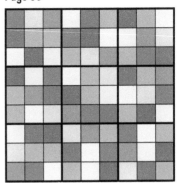

Page 69

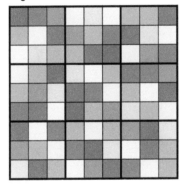

Page 70

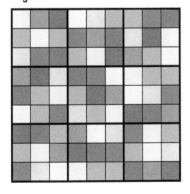

Page 71

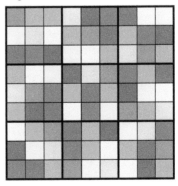

CPSIA information can be obtained
at www.ICGtesting.com
Printed in the USA
LVHW022139181019
634657LV00003B/3/P

9 781641 529358